this notebook belongs to:

_____

_____

_____

Date:

Date:

Date:

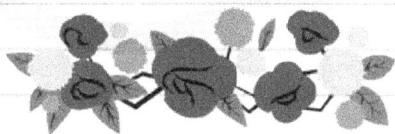

Date:

Date:

Date:

Date:

Date:

Date:

Date:

Date:

Date:

Date:

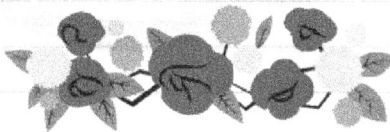

Date:

Date:

Date:

Date:

Date:

Date:

Date:

Date:

Date:

Date:

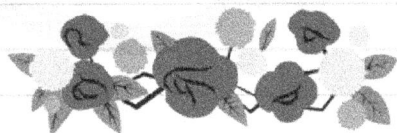

Date:

Date:

Date:

Date:

Date:

Date:

Date:

Date:

Date:

Date:

Date:

Date:

Date:

Date:

Date:

Date:

Date:

Date:

Date:

Date:

Date:

Date:

Date:

Date:

Date:

Date:

Date:

Date:

Date:

Date:

Date:

Date:

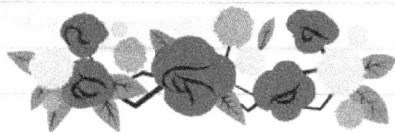

Date:

Date:

Date:

Date:

Date:

Date:

Date:

Date:

Date:

Date:

Date:

Date:

Date:

Date:

Date:

Date:

Date:

Date:

Date:

Date:

Date:

Date:

Date:

Date:

Date:

Date:

Date:

Date:

Date:

Date:

Date:

Date:

Date:

Date:

Date:

Date:

Date:

Date:

Date:

Date:

Date:

Date:

Date:

Date:

Date:

Date:

Date:

Date:

Date:

Date:

Date:

Date:

Date:

Date:

Date:

Date:

Date:

Date:

Date:

Date:

Date:

Date:

Date:

Date:

Date:

Date:

Date:

Date:

Date:

Date:

Date:

Date:

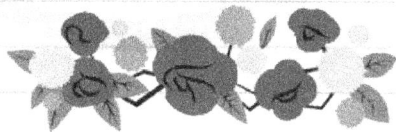

Date:

Date:

Date:

Date:

Date:

Date:

Date:

Date:

Date:

Date:

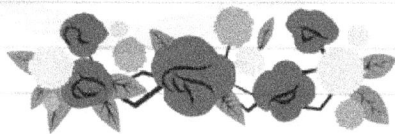

Date:

Date:

Date:

Date:

Date:

Date:

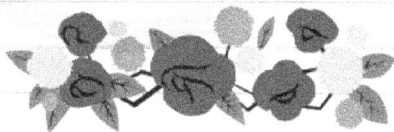

Date:

Date:

Date:

Date:

Date:

Date:

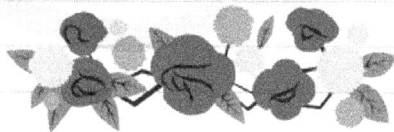

Date:

Date:

Date:

Date:

Date:

Date:

Date:

Date:

Date:

Date:

Date:

Date:

Date:

Date:

Date:

Date:

Date:

Date:

Date:

Date:

Date:

Date:

Date:

Date:

Date:

Date:

Date:

Date:

Date:

Date:

Date:

Date:

Date:

Date:

Date:

Date:

Date:

Date:

Date:

Date:

Date:

Date:

Date:

Date:

Date:

Date:

THANK YOU

www.ingramcontent.com/pod-product-compliance
Lightning Source LLC
Chambersburg PA
CBHW052041090426
42739CB00010B/2005